Rudolf Häpke

Der Untergang der Hanse

Rudolf Häpke

Der Untergang der Hanse

ISBN/EAN: 9783954272945
Erscheinungsjahr: 2013
Erscheinungsort: Bremen, Deutschland

© maritimepress in Europäischer Hochschulverlag GmbH & Co. KG, Fahrenheitstr. 1, 28359 Bremen. Alle Rechte beim Verlag und bei den jeweiligen Lizenzgebern.
www.maritimepress.de | office@maritimepress.de

Bei diesem Titel handelt es sich um den Nachdruck eines historischen, lange vergriffenen Buches. Da elektronische Druckvorlagen für diese Titel nicht existieren, musste auf alte Vorlagen zurückgegriffen werden. Hieraus zwangsläufig resultierende Qualitätsverluste bitten wir zu entschuldigen.

Hansische Volkshefte

Herausgegeben vom Hansischen Geschichtsverein

Heft 5

Der Untergang der Hanse.

Von Universitätsprofessor
Dr. Rud. Häpke.

Bremen
G. Winters Buchhandlung
Fr. Quelle Nachf.

Vorwort.

Die Tage der alten Hanse sind längst verrauscht, aber der Dichter sagt: „Wohl dem, der seiner Väter gern gedenkt!" In der trüben Gegenwart haben wir mehr als sonst Veranlassung, uns Kraft und Stärke aus Deutschlands großer Vergangenheit zu holen. Wie könnte es anders sein, als daß wir Niederdeutschen und Küstenbewohner da zuerst an die große Zeit der Hanse denken, da das kraftvolle Bürgertum unserer Städte mit dem Austausch der Güter auch seine Kultur hinübertrug über die Nord- und Ostsee und die Gestade von Brügge bis Reval von ihren hochbordigen Schiffen befahren wurden. Zu einer Zeit, wo kein Kaiser die deutschen Interessen in Europa zu schützen vermochte, hat die Tüchtigkeit niederdeutscher Bürger deutsche Wirtschafts- und Seegeltung im fernen Lande behauptet, bald vorsichtig und auf dem Wege der Unterhandlung, bald, wenn es nicht anders sein konnte, mit der Schärfe des Schwertes, immer voller Wagemut und männlicher Energie. Und was ihr kühner Kaufmannsgeist erwarb, das fand daheim seinen Niederschlag in jener mittelalterlichen Städtekultur, die noch heute den Beschauer erstaunt und entzückt.

Diese Hefte, die in zwangloser Folge fortgesetzt werden sollen, wenden sich an das deutsche Volk in seinen breitesten Schichten. Sie sollen in dunklen Tagen die Liebe zum Vaterlande und das Vertrauen in unsere unversiegbare Volkskraft wecken und stärken.

Der Herausgeber.

Der Untergang der Hanse.

Von Universf.-Prof. Dr. Rud. Häpke.

Seitdem die Wissenschaft den Leitsatz von der Entwicklung alles Seins in sich aufgenommen hat, pflegt sie mehr und länger als früher bei den Zeiten zu verweilen, in denen Neues entsteht und Altes dahinsinkt. Die Frage nach dem Werden und Vergehen aller Erscheinungen auf Erden beherrscht das wissenschaftliche Interesse. Wenn auch wir mit solchen entwicklungsgeschichtlichen Gedanken vor den Leser treten, wenn wir versuchen, ihm den Niedergang der stolzen deutschen Hanse zu schildern, so wissen wir wohl, daß wir ihm minder Erfreuliches mitzuteilen haben, als wenn er uns nach der Blütezeit der Hanse fragte, und wir wissen auch, daß von romantischer Größe, die sonst den Untergang machtvoller Städte und Reiche mit dem Schimmer ewig lebendiger Tragik, gleichsam zum Trost für Sterben und Verderben, zu erhellen pflegt, nur wenig in der Geschichte der dahinsiechenden Hanse zu finden ist. Nein, von einer Zeit wilder Kämpfe abgesehen, in der von Lübeck, dem Haupte der Hanse, aus der ganze Norden zu Aufstand und Umsturz gebracht wird, bis sich die entfesselte Kriegsfurie gegen den Urheber wendet (1521—1544), geht es im Bereiche unserer deutschen Küsten weit ruhiger zu als etwa bei Karthagos Fall und Roms Untergang. Man kämpft zwar auch noch mit Orlogschiffen und Feldschlangen; aber viel einschneidender wirken harmlos aussehende und doch so gefährliche handelspolitische Verordnungen, die keine unmittelbare Katastrophe, sondern ein allmähliches Hinsiechen zur Folge haben. So gleicht der Historiker der hansischen Spätzeit dem Arzte, der zwar sieht, daß dem Kranken die Krisis, die ihm Verderben, doch vielleicht auch Rettung bringen könnte, erspart bleibt, der aber fühlt, wie der Puls von Stunde zu Stunde schwächer wird: Das hansische Leben verdorrte und starb ab, ohne daß ein gewaltsames Ende eintrat.

Aber gilt nicht auch hier Goethes Wort vom „Stirb und Werde"? Wer die Geschichte der deutschen Hanse nicht allein für sich, sondern im Rahmen der gesamten Vergangenheit des deutschen Volkes und schließlich im Hinblick auf die Menschheit betrachtet, der wird auch hier, wo er nur noch die Todesstarre feststellen konnte, neues Leben entdecken, das, zunächst nur bescheiden, hinter mächtigeren Erscheinungen auf Jahrhunderte zurücktretend, die Gewißheit froher Zukunft in sich barg, bis dann auch wieder die Stunde für deutsche Tüchtigkeit auf den Schiffen und in den Kontoren der Hansestädte gekommen war. Und wenn uns jemand einwirft, daß alles wieder verloren sei, was die Vergangenheit durch die hart arbeitenden Generationen, die das Deutsche Reich erstehen sahen, geschaffen hatte, so leugnen wir keineswegs die Berechtigung dieser trüben Betrachtung, ja, wir teilen die Besorgnisse, soweit sie sich auf die absehbare Zukunft beziehen. Aber wir richten den Blick unverdrossen auf eine fernere Zeit, heißen diejenigen schweigen, die nur das Gestern und das Heute sehen, und verweisen sie auf das Morgen. Die Geschichte ist eine strenge Wissenschaft, nicht geneigt, jemandem sich zu erschließen, der nur das in ihr sucht, was er in ihr finden möchte; sie ist keines Volkes und noch weniger einer Partei dienstfertige Magd, und nachdem sie in den letzten Jahren so oft zu Unrecht als Zeuge angerufen wurde für diese oder jene Tagesmeinung, tun wir gut, sie auf der hohen Warte zu belassen, die ihr gebührt. Wenn es darauf ankommt, Jahrhunderte zu überblicken, wie in unserem Falle, dann wird sie uns tröstend raten, nicht zu verzagen, solange noch die deutschen Ströme ihren Weg zum Meere ziehen und deutsche Menschen an ihnen wohnen, die gewillt sind, allen Schwierigkeiten zum Trotz weiter zu schaffen, damit Deutschland leben könne.

1. Kapitel.

Die Hansestädte zu Beginn des 16. Jahrhunderts.

> „Was kann reizender sein als das Bild einer Stadt des Mittelalters?" Jak. Grimm.

Prächtig umsäumte die lange Kette der Städte der deutschen Hanse die südlichen Gestade von Ost- und Nordsee. Von dem hochragenden Reval, das von seinem Burgfelsen so weit über die blauen Wasser des Finnischen Meerbusens hinausschaut, bis zu den Schiffer- und Fischerstädten in den niederländischen Flachlanden Oberyssel und Friesland an der Südersee gab es kein einziges ansehnliches städtisches Gemeinwesen, das nicht den Besitz der Hanserechte wohl zu schätzen gewußt hätte! Und das gleiche Bild am Rheinstrom bis hinauf zu des Reiches ältester und größter Stadt Köln, in Westfalen mit allen seinen großen und kleinen rührigen Städten und Flecken, nicht weniger auch in Niedersachsen, wo die Hanse außer Braunschweig, Hildesheim und mancher Nachbarstadt noch Göttingen erfaßte und sich damit an das Mittelgebirge heranschob. Weiter östlich in der Mark war allerdings schon einige Einbuße zu verzeichnen. Die fürstlichen Herren von Berlin—Cölln duldeten (seit 1442) nicht mehr ihre Zugehörigkeit zu einer Einung, wie die Hanse es war. Aber was wollte das Fehlen ihrer Sendeboten auf den Hansetagen bedeuten, wenn unter dem Vorsitze der lübischen Staatsmänner die Ratmänner aus den „wendischen" Städten in Mecklenburg und Pommern, nämlich Rostock, Wismar, Stralsund, Greifswald und die Vertreter des aufstrebenden Danzig mit ihren Gefolgsleuten aus den kleineren Städten des Ordenslandes Preußen, die Hamburger, Lüneburger, Bremer, die Braunschweiger, Kölner und wer sonst an den gerade zur Beratung stehenden Fragen näheren Anteil nahm, zusammenkamen? Gewiß gab es unter diesen weit von einander liegenden Gemeinwesen, von denen jede einzelne Stadt ihre eigene Individualität besaß und bis auf den heutigen Tag bewahrt hat, manche verschiedene Interessen und dementsprechend auch Streitigkeiten. Die älteren Handelsstädte wie Köln und Bremen, die sich in Vorzeiten bereits ihre Stellung im Handel geschaffen, hatten sich der lübischen Leitung zunächst gar nicht fügen wollen und löckten auch später noch wider den Stachel, Hamburg, das gerade um die Zeit, von der wir schreiben, die ersten Schritte zu seiner späteren Bedeutung tat, wollte häufig anders als die Travestadt, und von Danzig oder Riga aus gesehen, nahmen sich die hansischen Verhandlungspunkte wieder ganz anders aus; aber wann und wo hat ein solcher vielgliedriger „Zweckverband" bestanden, dessen Teilnehmer stets an einem Strange gezogen hätten? Steht doch die deutsche Hanse in der Geschichte überhaupt ganz einzig da, mit keinem Staaten- und Städtebund ohne weiteres vergleichbar! In den ersten Jahrzehnten des 16. Jahrhunderts jedenfalls, mit der unsere Darstellung anhebt, war eine geschickt und umsichtig geleitete Politik noch durchaus imstande, mit den Mitteln, welche die Hanse an die Hand gab — diplomatische Einwirkung, Handelssperre, in letzter Linie Krieg —, im Bereich von Ost- und Nordsee mit einiger Aussicht auf Erfolg ihren Willen durchzusetzen oder wenigstens einen Versuch dazu zu wagen, ohne dem Vorwurf des Leichtsinns ausgesetzt zu sein.

Freilich wurde dies von Jahrzehnt zu Jahrzehnt schwieriger. Die Zeit war den Städten als selbständigen Gemeinwesen mit eigenem politischen und wirtschaftlichen Willen nicht günstig; der Zusammenprall mit den rings-um die Nord- und Ostsee sich festigenden Reichen, England, Dänemark, Norwegen, Schweden, ließ mehr als eine Gewitterwolke am hansischen Horizonte aufsteigen: Wir werden sehen, welche schwere Einbußen dies Unwetter über die Hanse bringen sollte. Aber einstweilen erfreuen wir uns an der lebendigen Gegenwart und sehen uns jene Städte an, von denen die Rede war! Es ist der Mühe wert, eine Hansestadt im 16. Jahrhundert aufzusuchen.

Nähern wir uns ihr zu Lande, so kommen wir schon in einiger Entfernung von der Stadt durch Dörfer und Höfe, die dem Rate oder einzelnen begüterten Bürgern gehören, auch die Landwehr mit Warttürmen und Wassergraben, die vom städtischen Gebiet Schnapphähne und Straßenräuber fernhalten soll, spricht von dem erfolgreichen Bestreben, die Umgebung sich untertan zu machen. Bei den drei jetzigen Hansestädten ist ja das Staatsgebiet aus einem solchen Landgürtel von 250—400 Quadratkilometern hervorgegangen. Aber so stattlich die Meierhöfe und die umzäunten Dörfer sein mögen, wie rasch vergessen wir sie vor dem Eindruck, den uns die Stadt selbst bietet! Heutzutage gleiten erst lange Zeilen von Villen, Fabriken, Arbeiterquartiere in den Vorstädten an unserem Blicke vorüber, ehe wir in die Stadt einfahren, in die jene Vororte vielfach ganz unmerklich übergehen. Damals erhoben sich vor den Toren allenfalls einige jammerliche, von unstetem Volke bewohnte Gassen, die man bei herannahender Kriegsgefahr ohne viel Zaudern den Flammen übergibt, auch wohl einige Klostergebäude, welche die Spitzhacke in solchen Fällen gleichfalls nicht verschont, dann aber im wehrhaften Schutze ihrer Mauer, rings überragt von ihren Kirchen, ganz unmittelbar hinter dem Wallgraben aufsteigend die Stadt selbst! Wenn die Häusermassen, vielleicht gelagert auf einem langgestreckten Höhenrücken wie in Lübeck oder gruppiert um die Domsdüne wie in Bremen, an sich schon auf den Beschauer eindringlich wirkten, um ihm Pracht und Macht der Stadt vorzuführen, wenn die Kirchtürme, die noch stattlicher als heute aus dem Meer der roten Dächer hervorschauten, da noch nicht viele Stockwerk hohe Geschäftshäuser und öffentliche Gebäude sie beengten, die gleiche Sprache redeten, so kundeten vor allem auch die Stadttore von der Selbstsicherheit der Stadt: Die alten Nutzbauten des 13. Jahrhunderts waren vielfach durch Zierbauten ersetzt, die im Kriegsfalle nicht mehr völlig einwandfrei, aber köstlich und schön waren.

Der städtische Wallmeister, den wir mit einem Grundriß in der Hand am Tore antreffen, macht denn auch ein bedenkliches Gesicht, als wir ihm unsere Bewunderung für den Mauerkranz ausdrücken. Er hätte ihn lieber nach der neuen Art verbessert, wie die gewaltige Entwicklung der Artillerie, die diese in den Tagen weiland Kaiser Maximilians genommen, sie forderte und wie sie drüben im Oberland kein Geringerer als Meister Albrecht Dürer in Kürze (1526) in einem eigenen Buche zusammenfassen wird: Gewaltige Steinmassen, zu runden oder halbrunden Batterietürmen zusammengefügt, sollen mit.elst der eigenen Artillerie den Feind von den bedrohten Punkten der Stadt fernhalten. Solche Rondeele oder Zwinger, wie Bremen sie in „Braut" und „Bräutigam" zum Schutze seiner Weserfront schuf, und wie einer in der ältesten Bergstadt des Reichs, in Goslar, noch heute steht, will unser Waumeister auch bauen, dann erst kann er für die Verwendung der Artillerie gut sagen, die in fast überreicher Fülle der Stadt zu Gebote steht. Hören wir doch, daß Lübeck 1526 nicht weniger als 1203 Kanonen und größere Schießwaffen besaß, von denen 447 auf den Werken, 139 an Bord, 617 in den Zeughäusern standen, auf etwa 20 Einwohner ein Geschütz! Wie kunstreich waren sie, diese ganzen und halben Schlangen, Falkonettlein, Donnerbüchsen aus Guß- und Schmiedeeisen mit ihren Kammern und Doppelläufen; alles, was das begabte Zeitalter an Erfindungskraft besaß, war über die Artillerie ausgeschüttet. Kein Wunder, daß man zu viele Muster und Kaliber hatte und daß der nächste Fortschritt dahin führen mußte, die Fülle des Gebotenen einzuschränken im Sinne größerer Einheitlichkeit.

Doch inzwischen sind wir in die Torgasse eingetreten. Wer nun etwa glaubte, sogleich auf stattliche Gebäude zu stoßen, wie sie heute ein kluger Stadtrat an seinem wohlgepflegten Bahnhofsplatz errichtet, geht fehl. Nein, nächst den Mauern haust meistens die Armut, etwa bedürftige Leineweber und die Schar der Witwen und einzelstehenden Frauen, die mit Nähwerk und ähnlichem ihr bißchen Brot verdienen. Wo die Stadt bei Ausmessung ihres Mauerrings dereinst klug war und große Flächen für eine zukünftige Erweiterung einbezog, die dann doch meistens auf sich warten ließ, lagen große Obst- und Weingärten innerhalb der Tore; oft aber war auch jedes Fleckchen an den Wohnstraßen genutzt, und jene Ärmeren mußten ein Gärtchen entbehren. Dann schauten sie erst wieder auf schattige Bäume in den Höfen der zahlreichen Stadtklöster, Zufluchtshäuser benachbarter Abteien, Stifter, die sich im Laufe der frommen mittelalterlichen Jahrhunderte in der Stadt gehäuft hatten. Namentlich Klöster und Kirchen der Bettelmönche, der Franziskaner und Dominikaner, kenntlich durch den Dachreiter, den das kanonische Recht ihnen erlaubt, hatten im 14. und 15. Jahrhundert die Bürger angezogen und zu

Schenkungen bewogen; hier glaubten sie ihr Seelenheil am besten aufgehoben. Denn sonst hatte man allgemein an der hohen und niederen Klerisei viel auszusetzen: Bedenklich gärte es aller Orten wider die faulen Bäuche der Domherren und die unwissenden Pfarrer. Nicht eigentlich die altertümlichen Kathedralen in Bischofsstädten wie Bremen, Hamburg, Lübeck, waren daher Gegenstand der Fürsorge und Pflege durch die Bürgerschaft, sondern mehr die Rats= und Pfarrkirchen. Hier fühlte man sich zu Hause, sorgte für Altäre mit reichem Bilder= schmuck und wählte die letzte Ruhestätte, womöglich in der Kirche selbst unter einer Grabplatte aus Messing oder Stein, sonst auf dem Friedhof in nächster Nähe der gen Himmel weisenden Türme. Kirche und Kirchhof waren trotz der Gräber nicht nur stiller Andacht und dem Sonntag vorbehalten wie heute im protestantischen Norden. Das Volk lebte vielmehr in seiner Kirche und ihrer nächsten Umgebung, die es täglich aufsuchte; man plauderte, erging sich im Chor und Kirchen= schiff oder zwischen den Gräbern, reichte befreundeten Damen höflich das Weihwasser, hatte oft auch recht weltliche Dinge im Sinne, ungeachtet der ernsten Mahnungen, welche die Toten= tänze von den Wänden der Kapelle herabriefen. Ueberall traf man Mitglieder frommer Brüderschaften, die hier einen Mit= bruder zur letzten Ruhe geleiten, dort den Bruderschaftsaltar schmücken, kenntlich an ihren Abzeichen, etwa dem Antonius= kreuz mit dem Glöcklein zu Ehren des beliebten Einsiedlers, der dereinst in Aegyptens Wüste gehaust hatte.

Alle diese Kirchen, in ihrer großen Mehrzahl gothisch, noch nicht entstellt durch schnurrige Hauben aus der Zopfzeit, wie sie manchem Turm später aufgesetzt wurden, sehen auf öffent= liche Gebäude und Bürgerhäuser hinab, denen gleichfalls der gothische Stil das Gepräge gibt. Die heiteren Formen der Renaissance sind ja grade erst über die Alpen nach den süd= deutschen Reichsstädten vorgedrungen; wir werden sie später in unseren Hansestädten noch wiederfinden. Gothische Giebel und Spitzbögen, starke Betonung der vertikalen Linien: Wie trefflich passen sie zu den schmalen, hochgebauten Straßen= fronten der hansischen Häuser! Den meisten kann man noch ansehen, daß sie aus dem niedersächsischen Bauernhause ent= standen: Wo dort die Einfahrt den hochbepackten Heuwagen auf= nahm, war hier die weiträumige Diele erhalten, die man als

Lagerschuppen nutzt, wenn nicht die Warenballen hinaufgewunden werden auf die mehrgeschossigen Dachböden. Vorn ein kleiner Verschlag für das Schreibpult, das „Kontor", während Wohn- und Schlafräume in die oberen Stockwerke verwiesen werden, wo sie die Handlung oder auch das Brauwerk nicht stören. Zahlreiche Gelasse im ganzen; denn man braucht Raum für die Kostgänger, und wenn die meist zahlreichen Kinder auch das elterliche Schlafzimmer teilen, so wollen doch Lehrlinge, Knechte, Mägde, so einfach ihre Lagerstätte sein mag, unter demselben Dache untergebracht sein. Für die Ställe, die man doch nicht gern entbehren mochte, fehlt auf dem immer stärker beanspruchten Grundstück, trotz seiner oft bedeutenden Tiefe, der Platz: Naiv möchte man sie an die Gasse verlegen — warum auch nicht? Laufen nicht dort schon wie etwa in Lübeck 20 „Tönnies schwine" mit Kreuz und Schelle frei umher, die bei dieser unsteten Lebensweise sogar dick und fett werden? —; aber der Rat will die Schweineboxen an der Straße nun einmal nicht dulden, wie er überhaupt nach Kräften zur Sauberkeit und Ordnung einschreitet.

K l e i n e Städte nach heutigen Begriffen waren die Hansestädte samt und sonders. Der Fernerstehende staunt immer wieder, wenn er hört, daß die „Großstadt" auf deutschem Boden, Köln, in der zweiten Hälfte des 16. Jahrhunderts 37 000 Einwohner zählte, daß Lübeck 1487—88 mit 22 172, Danzig 1550 mit 19 800—23 000 Seelen berechnet wird. Die meisten Städte im In- und Auslande brachten es längst nicht auf eine solche Bevölkerungsmenge. Freilich in e i n e r Beziehung machten jene 10—20 000 Menschen fast so viel aus wie heute die zehnfache Zahl: Sie nahmen noch wirklich mit allen Fasern des Herzens teil an den Geschicken ihrer Stadt in guten und bösen Zeiten und erlebten alle neuen Ereignisse — etwa den Bau eines Hauses, die Errichtung eines Brunnens — ganz anders mit als Hunderttausende gleichgültiger Großstädter von heute. Sind diese Einwohner eines „Kommunalverbandes" und „Zensiten" vielfach ohne das geringste innere Verhältnis zu ihrem zufälligen Wohnort, so waren jene Hanseaten wirklich Bürger eines Stadtstaats, wie dereinst Römer und Athener, und dieser Stadtstaat bedeutete ihnen alles auf Gedeih und Verderb. Ganz sicher, daß nur so die nachhaltigen Leistungen so mancher Städte in Krieg und Frieden und im Ringen mit allzu gewaltigen Aufgaben zu erklären sind. Gingen sie schließlich über die Kraft der Städte hinaus, nun, so haben ihre Bürger doch auch in der hansischen Spätzeit mehr als einmal ihren Mann gestanden.

2. Kapitel.

Wirtschaft und Kultur. Die Reformation.

Weitbekannt ist Holbeins Bild von dem hansischen Kaufmann Georg Gise im Kaiser-Friedrich-Museum zu Berlin. Wie prächtig ist der junge Danziger Bräutigam gekleidet, in schwarzem Samt und scharlachfarbenem Unterkleid! Auch im hochzeitlichen Frack, geschweige denn in Alltagshülle werden wir nicht gleichen Luxus zur Schau tragen wie dieser deutsche Kaufmann, den Holbein in seinem Kontor in der hansischen Niederlassung zu London, dem Stalhofe, 1532 malte. Gise aber war keine Ausnahme; ihm ähneln in Auftreten und Gewandung die übrigen Kaufmannsporträts aus jener Zeit. Man muß also wohl gut verdient haben in den Hansestädten. In der Tat nährte der Handel seinen Mann, wenn er mit Russen oder Engländern, mit Brabantern und Holländern, an der französischen Westküste oder mit Nordländern kaufschlug. Noch waren von den großen hansischen Niederlassungen, den „Kontoren", zu London, im norwegischen Bergen, in Brügge-Antwerpen und in Nowgorod am Ilmensee die drei erstgenannten die Eckpfeiler des hansischen Verkehrs, und nur der St. Peterhof in der Russenstadt war seit 1494 durch Iwan III. seinen Besitzern entzogen. Ganz große geniale Geschäftsmänner und Spekulanten, wie Süddeutschland sie gerade damals in Jakob Fugger, Antoni Welser und manchen anderen Augsburgern besaß, gab es jedoch kaum, ja man hielt sie nach Kräften dem heimischen Geschäfte fern. Als dann auch im Hansegebiet solche Erscheinungen auftauchten, haben sie sich doch nicht auf die Dauer halten können und jedenfalls nicht dem Hansehandel das Gepräge gegeben. Man wollte gar nicht einzelne Privatpersonen erstarken lassen, vielmehr sollten möglichst alle Handeltreibende einer Stadt, in ihren Genossenschaften bereinigt, an auskömmlichem Gewinn Anteil haben. Dieser von den Vätern und Großvätern überkommene Geschäftsstil mit seiner ausgesprochenen Begünstigung des Mittelstandes schließt jedoch nicht aus, daß einzelne Kreise die allgemeine Jagd nach Erwerb, die das Zeitalter der Fugger kennzeichnet, mitmachten, ohne viel nach Treu und Glauben zu fragen. Wehe dem, der wie der junge Gustav Wasa, der spätere große Schwedenkönig, solchen Wucherern in die Hände fiel! Es war gewiß einiges faul im weiten Hansegebiete, und dies war um so bedenklicher, als die Bestrebungen, rücksichtslos jeden Vorteil, den der Augenblick bot, wahrzunehmen, ohne zu fragen, ob dem Vertragsgegner nicht Unmögliches und Unerträgliches zugemutet wurde, in schicksalsschweren Augenblicken auch Einfluß auf die lübisch=hansische Politik gewannen. Der vielberufene hanseatische Weitblick konnte dann wohl von öder Geldgier verdunkelt werden.

Auch war nicht zu verkennen, daß sich seit einem guten Menschenalter die Handelsverhältnisse verschoben, nicht durchweg zum Nachteil der Hansestädte, aber doch so, daß die bisher herrschende Mittelgruppe der Hanse, mit Lübeck an der Spitze, mit den weiter östlich gelegenen Emporien wie Danzig und Riga und den Nordseehäfen Hamburg und Bremen nicht mehr recht Schritt hielten. Auf den ersten Blick erscheint dies unverfänglich: Waren nicht diese Städte genau so gut deutsch und hansisch wie Lübeck und seine Nachbarn in Mecklenburg und Pommern? Aber einmal war es gewiß nicht normal, wenn das Haupt der Hanse, wo der Sitz ihres handelspolitischen Wollens war, wirtschaftlich nicht mehr führend blieb, und zweitens waren jene Städte auf den Flügeln, wie ein Blick auf die Karte lehrt, längst nicht so wie Lübeck an den eigentlich hanseatischen Handelsweg gebunden, der aus dem östlichen Baltikum nach der Trave, von dort nach Hamburg und von hier — mit abermaligem Wechsel von Land= und Seeweg — nach den Niederlanden führte. Lockte nicht die direkte Straße durch die dänische Meerenge am Oeresund? Verdiente man nicht am besten, wenn man von Riga aus direkt einem Butenhansen (Außenhansen) in Antwerpen verkaufte? Die Lübecker selbst waren ihrer jungen Leute nicht mehr sicher; mancher lübische Kaufmann sähe in zehn Jahren, so klagte man, von seinem Kapital nichts wieder, das er einem Kaufgesellen mitgäbe, der dann von Livland oder Danzig aus durch den Sund nach dem Westen (und umgekehrt) verfrachtete, ohne dem Prinzipal das Seine zukommen zu lassen. Schiffsgelegenheit aber fand sich überall; denn in großen und kleinen Ostseehäfen, namentlich aber in Danzig, lagen holländische Frachtfahrer, die Jahr für Jahr einige hundert Fahrzeuge stark durch den Sund der Ostsee zusteuerten. War damit der Fernhandel Lübecks und seiner Nachbarstädte bedroht, so schien es auch mit dem Althergebrachten in Skandinavien, auf den dänischen Inseln, an den heringsreichen Gestaden Schonens, in Schweden und im norwegischen Bergen nicht mehr beim alten bleiben zu sollen. Weniger die skandinavischen Bürger als ihre Fürsten wollten von der hansischen Uebermacht nichts mehr wissen; in Lübeck aber spürte diese Zerreißung altererbter Beziehungen gerade auch der kleine Mann, der an den nachbarlichen Verkehr mit den skandinavischen Gestaden seit Urväter Zeiten gewöhnt war.

Bei unseren geringen statistischen Mitteln ist es sehr schwer zu sagen, wie weit der Zersetzungsprozeß im lübischen Handel schon fortgeschritten war, ob es sich mehr um ein langsames Abbröckeln oder schon um eine wirkliche Not handelte. Aber der Handel pflegt sehr empfindlich zu sein; man spürte in Lübeck und seinen Nachbarstädten die rückläufigen Bewegungen und konnte seitdem seines Lebens nicht mehr so recht froh werden. Der äußere Anblick einer Handelsstadt, ihre Paläste für Geschäfts= und Wohnzwecke, ihre weiten Plätze und Standbilder, die sie dem Gemeinsinn reicher Mitbürger verdankt, täuscht auch heute den Fernerstehenden über die wahre Lage; der Eingeweihte dagegen hört Klagen über Klagen über den Rückgang der Geschäfte. Auch die künstlerische und literarische Kultur, deren man sich damals erfreute, konnte keinen Trost bieten. Gewiß waren die norddeutschen Städte um 1500 im Besitze eines reichen Erbes an Kunstsinn und Formenschönheit, gewiß hatte eine Stadt wie Lübeck frühzeitig geschickte Obersachsen angelockt, die hier die so unendlich wichtige Kunst des Druckens ausübten, gewiß versorgte man mit Kunstgegenständen als Ausfuhrgut die Dome und Schlösser Skandinaviens, gewiß war unter dem überreichen Kirchensilber so manches köstliche Stück, das später eingeschmolzen wurde: Aber das alles war der Bürgerschaft weit weniger wichtig, seitdem die Grundlagen ihres wirtschaftlichen Gedeihens zu wanken begannen. Zudem stieg aus dem Drang nach religiöser

Erneuerung ein anderes Unwetter empor, das mit noch viel größerer Wucht und zwingender Gewalt über die Hansestädte hinwegbrauste: Luthers Reformation begehrte Einlaß! In Bremen hatte Heinrich von Zütfen gepredigt, in Hamburg wirkte des Reformators Freund Dr. Bugenhagen, an Riga, Reval und Dorpat ergingen seine Sendschreiben. In Lübeck war die Reformation länger als anderswo niedergehalten; um so ungestümer brach sie durch und mit ihr eine demokratische Bewegung, die sich gegen das Ratsregiment richtete, das bisher Lübecks Geschicke geleitet hatte. Also innere Kämpfe gefährlichster Art in einem Zeitpunkt, der Zusammenschluß und Vereinigung aller Kräfte forderte, eine wirtschaftliche Umgestaltung, deren Ende gar nicht abzusehen war, und schließlich die religiöse Revolution, die mehr als irgend etwas anderes das Zeitalter erregte und deren alles zermalmende Gewalt jedem Beobachter von neuem sich aufdrängt, die aber in diesem Augenblick die Konflikte noch auf die Spitze treiben mußte.

Würde das Haupt der Hanse dieser Welt von Schwierigkeiten Herr werden?

3. Kapitel.

Der erste Sturz.
Der Untergang der hansischen Vormachtstellung in der Ostsee (1521—1544).

Wohl kein Name ist in den hansischen Ratsstuben zu der Zeit, als Luther seine Thesen anschlug, mit so viel Haß und Erbitterung genannt worden wie der König Christians II., der die Kronen der drei nordischen Reiche Dänemark, Norwegen und Schweden auf seinem Haupte trug. Mit diesem hochbegabten, aber in seiner Machtgier zügellosen Herrscher war ein Vertragen ausgeschlossen. Als er rücksichtslos die seit Jahrhunderten fest begründete handelspolitische Übermacht der Hanse in Skandinavien anfocht, war der Konflikt da. Mit Geschick und Erfolg, den freilich die eigene Unbesonnenheit des Dänen erleichterte, führte Lübeck den Kampf: Vor der vereinigten Macht Lübecks und Danzigs, des Herzogs von Holstein und schwedischer Aufständischer räumte König Christian 1523 sein Land. Acht Jahre hindurch wetterleuchtete es beständig am politischen Horizont, so oft er die Rückkehr versuchte; dann war er 1531 so weit, auf holländischen Schiffen mit einem Heerhaufen von 3—4000 Landsknechten einen Einfall in sein angestammtes Reich zu wagen. Wie dieser scheiterte und wie der Fürst selbst durch schmähliche Treulosigkeit seiner Gegner für den Rest seines Lebens in Kerkerhaft geriet, ist zu erzählen hier nicht der Ort; genug, daß auch die Nachfolger Christians, jener Herzog von Holstein als König in Dänemark und Gustav Wasa in Schweden, auf der gleichen Bahn der Verselbständigung ihrer Reiche zu beharren gedachten. Ebenso sperrten Dänen und Holsteiner sich, als Lübeck nun immer dringender als Preis für seine Anstrengungen im gemeinsamen Kampfe ein Vorgehen gegen die holländische Schiffahrt verlangte. Die Ostsee zu einem „geschlossenen Meere" zu machen und die holländischen Nebenbuhler völlig aus den baltischen Gewässern fernzuhalten, war immer nur auf kurze Zeit möglich, wenn Dänemark einmal den Sund verschloß. Es zeugt von einer gewissen Mäßigung, wenn Lübeck sich auf der Höhe seiner Erfolge im Frühjahr 1532 mit einem Abkommen begnügte, das den Holländern nur den Transport von hochwertigen Waren durch den Sund auf zehn Jahre untersagte, während man sie „platt aus der See zu halten nicht gedachte". Aber auch diese verhältnismäßig gelinde Beschränkung war weit mehr, als durchzusetzen möglich war. Hinter den Holländern stand die größte Weltmacht der Zeit, des römischen Kaisers Karl V. Majestät; sollte er und seine in politischen Geschäften schwierigster Art geschulten Ratgeber diese Beeinträchtigung ihrer Erbuntertanen ruhig ansehen? Allerdings ließ die Weltpolitik dem Herrscher nur selten Kräfte und Muße, sich voll und ganz für seine Niederlande einzusetzen, wie sie es von ihm erwarteten. Militärisch nur schwach gerüstet und finanziell durchweg nicht auf der Höhe, ließ sich die kaiserliche Regierung verhältnismäßig viel gefallen, ehe sie einmal eingriff. Aber anderseits konnte sie, schon um der von ihr herbeigesehnten Einheit der Niederlande willen, nicht allzu lange warten, ehe sie die holländische Sache zu der ihren machte, den Lübeckern die großen südniederländischen Absatzmärkte Antwerpen und Brügge sperrte und eine starke Flotte ausrüstete. Sogleich rückten Dänen und Holsten von Lübeck ab: Die freie Sundfahrt, nicht irgendeine Beschränkung, wurde im Juli 1532 feierlich zu Kopenhagen verbrieft. Ein Jahr später entschlüpfte auch der Schwedenkönig Gustav Wasa den Maschen des handelspolitischen Netzes, das Lübeck 1523 über Schweden geworfen hatte. Es war ein Ausfluß jener viel zu weit gehenden, von Krämerschlauheit eingegebenen Politik gewesen, als man versucht hatte, dem aufstrebenden Schwedenvolke die Fahrt von der Ostsee durch Sund und Belt nicht zu gestatten. Jetzt sagte sich Schwedens volkswirtschaftlich denkender Fürst, den Lübeck groß gemacht hatte und der allgemein als Lübecks sicherster Bundesgenosse betrachtet wurde, von dem unerträglichen Abkommen los. Wer wollte ihn hindern?

In Lübeck sah man voller Wut die Entwicklung der Dinge. Nach zehnjähriger Fehde und dauerndem Kriegszustand um die Früchte seiner Anstrengungen geprellt, welches Gemeinwesen hätte dies ertragen? Wie angedeutet, nahmen jetzt Volksführer dem alten Rate die Gewalt aus der Hand und versuchten sich nun ihrerseits an der Lösung der verzweifelten Aufgabe, Lübeck zu dem zu verhelfen, was es beanspruchte. Diese Männer, an ihrer Spitze der Bürgermeister Jürgen Wullenwever und der Landsknecht Markus Meyer, sind häufig von Geschichtsschreibung und Dichtung verherrlicht; man sieht nicht, mit welcher Berechtigung. Denn ihr Ziel war kein anderes als das des alten Rates, und in ihren Mitteln waren sie weit weniger wählerisch und glücklich als jener. Auch die Partei des Rates — wie gewöhnlich in solchen Fällen waren die angegriffenen Ratsherren aus der Stadt entwichen und betrieben nun von außen her und zwar nicht zuletzt beim kaiserlichen Hofe ihre Rückberufung — hat keine das Mittelmaß überragenden Gestalten aufzuweisen; für die neuen Machthaber gilt ein gleiches. Nur ganz große Männer hätten die Lage retten können. Dabei wäre wohl der sicherste Weg gewesen, die Zähne zusammenzubeißen und in strenger Selbstzucht erst dann wieder in die große Politik einzugreifen, wenn neue Verwicklungen im Norden das alte Spiel der Hanse, den einen Machthaber gegen den andern auszuspielen, aufs neue ermöglichten. Freilich schwer genug war diese Selbstbeschränkung durchzuführen, wenn auf Gassen und Marktplatz das aufgeregte Volk zu rücksichtslosem Vorgehen drängte. Aber

selbst wenn man der Erbitterung daheim nachgeben und sein
Recht sich nehmen wollte, das die bisherigen Verbündeten, die
Dänen, Holsten und Schweden, dem Lübecker Bürger zu
weigern schienen, so hätte gerade eine Politik äußerster Kühn=
heit Besonnenheit und Haushalten mit den Kräften gefordert.
Statt dessen bindet Lübeck 1533 und 1534 mit jedem an, mit
dem es irgendeinen Span hat. Amsterdam und den Holländern
wird im März 1533 Fehde angesagt, die aber von den lübischen
Kaperschiffen wenig glücklich geführt wird, und als man im
nächsten Jahre ganz Dänemark zur revolutionären Erhebung
gegen das dortige Adelsregiment bewegt, schlägt Lübeck gleich=
zeitig gegen Holstein los. Fürwahr, eine ungeheure Ueber=
schätzung des eigenen Könnens! Trotzdem war die kühnste
Unternehmung, die Entfesselung des Bürgerkrieges auf den
dänischen Inseln, in Schonen und Jütland, anfangs nicht ohne
Erfolg; gern horchten die dänischen Bürger und Bauern auf
den Kampfruf gegen die Prälaten und Ritter. Aber die
Durchführung des Beginnens erwies sich als unmöglich.
Herzog Christian von Holstein gewann in der Schlacht am
Ochsenberge auf Fühnen (11. Juni 1535) den Sieg und am
29. Juli 1536 mit dem hartnäckig verteidigten Kopenhagen die
Hauptstadt seines dänischen Reiches. Fühlbarer noch war, daß
Lübeck auf seinem eigensten Elemente, zur See, vernichtende
Schläge erhielt. Wie oft hatten nicht die Hansestädte die Ueber=
legenheit bei der Ausrüstung und Verwendung von Flotten
gezeigt, in den Kämpfen gegen Christian II. noch jedes Jahr,
wenn es gegen ihn oder seine Parteigänger ging! Gerade
hier zeigte sich, wie schon eine kleinere Gruppe wehrhafter
Gemeinwesen, also Lübeck und Danzig oder Lübeck mit seinen
mecklenburgischen und pommerschen Nachbarn zusammen,
genügte, um die Ueberlegenheit im baltischen Meere sich zu
sichern. 1535 zuerst machten ihr vereinigte Geschwader
schwedischer, dänischer, preußischer, holsteinischer und norwegi=
scher Fahrzeuge ein Ende. Die städtische Flotte, in zwei
Abteilungen zersplittert, lieferte nur mit ihrer nördlichen unter
Bornholm ein heftiges Gefecht, die südliche ergab sich im
Svendborgsund ohne ernstlichen Widerstand (16. Juni 1535).
Es war nicht alles so gewesen, wie es hätte sein sollen: Die
Bürger, die auf den Schiffen den technischen Dienst versahen,
machten Schwierigkeiten, man versuchte mit denselben Schiffen

gleichzeitig Handel zu treiben und Krieg zu führen, und schließlich ließen sich auch die Landsknechte an Bord, die ja kaum von ihren berühmten Feldobristen willig Befehle annahmen, von den Lübecker Volksführern nicht kommandieren; im Ringe ihrer langen Spieße mußte erst verhandelt werden, ehe sie sich bequemten, das trockene Element mit dem nassen zu vertauschen.

Lübeck kam im Hamburger Frieden (14. Februar 1536) noch leidlich aus den kriegerischen Wirren heraus. Aber die Welt war eine andere geworden in den 15 Jahren, seitdem man mit König Christian II. gebrochen hatte. Dänemark, so erschöpft es für den Augenblick war, erstarkte von Jahrzehnt zu Jahrzehnt; wir werden noch sehen, wie es seither, nicht mit so wildem Ungestüm wie unter Christian, dafür aber um so wirksamer in geduldiger Kleinarbeit der Hanse den handelspolitischen Boden in seinem Reichsgebiet zu entziehen trachtete. Mit Karl V. und seinen Niederlanden hatte Dänemark aus dynastischen Gründen noch bis 1544 gerungen; als man sich dann zu Speier einigte, war die freie Sundfahrt ausdrücklich garantiert worden. Wie sollte in Zukunft eine Hansestadt an diesem Erbvertrage mächtiger Potentaten rütteln? Die eigentliche Aufgabe der Hanse, unter Lübecks Führung das handelspolitische Verhältnis zum Auslande von sich aus zu regeln, war ernstlich gefährdet. Wie, wenn das Ausland seinerseits an eine Revision der Rechte heranging, welche die Hanse draußen besaß? Recht unvermittelt und tief war der Sturz doch, den Lübeck getan hatte.

4. Kapitel.

Die Nachblüte des deutschen Handels.

Die Ereignisse der letzten Jahre, so schwer sie auf Deutschland, Europa, ja der ganzen Welt lasten, haben gezeigt, daß unsere Wirtschaft doch mehr Elastizität besitzt, als man ihr je zutraute. Industrien, Länder, Völker haben sich mehr als einmal umstellen müssen in Erzeugung und Absatz, und siehe da, es ging weit besser, als alle Propheten wahr haben wollten. Auch die Geschichte der deutschen Hanse ist längst nicht so starr, wie man früher annahm, und gerade in den Zeiten ihres Niederganges hat sie noch manchen Johannistrieb aufzuweisen.

Auch Deutschland hatte teil an dem Aufschwung, den Europas Wirtschaft im Zeitalter der Reformation nahm. Wenn Zunahme der Bevölkerung, der Gütererzeugung und des Umsatzes, der Erfindungen und technischen Verbesserungen, des Wohlstandes und des Reichtums Maßstäbe für den Fortschritt der materiellen Kultur sind, dann müssen wir das 16. Jahrhundert im Vergleich zu seinen Vorgängern und Nachfolgern als einen Gipfelpunkt bezeichnen. Was im ausgehenden Mittelalter keimte und sproß, gelangte im Zeitalter von Renaissance und Reformation zum Blühen. In der reichsten Stadt Deutschlands, in Augsburg, wuchs von 1471—98 das Gesamtsteuervermögen auf das vierfache, bis 1554 aber auf das dreizehnfache, und die wichtigste Seestraße, welche die damalige Schiffahrt kannte, der Oeresund, wies 1497 795 Durchfahrten, 1557 2425 und 1597 6673 Passagen auf.

Diese Fortschritte wurden weit weniger erzielt durch Ausnutzung der allbekannten überseeischen Entdeckungen, die zunächst nicht viel mehr waren als Wechsel auf eine ferne Zukunft und unmittelbar etwa soviel Wirkung hatten, wie reiche Kohlenfelder auf Spitzbergen oder in China. Jedermann weiß, daß solche Funde von großer Bedeutung für später sein können, während für die Gegenwart die alten in Betrieb befindlichen Gruben viel wichtiger sind. Als angenehme Beigabe empfand man in Europa den zunächst auf den atlantischen Inseln, dann auf den Antillen und dem amerikanischen Festland gepflegten Anbau des Zuckerrohrs, und später gewöhnte man sich ja auch gern an den Genuß des Tabaks; aber im ganzen steckte „drüben" die Erzeugung nützlicher Produkte für den Weltmarkt lange Zeit in den Kinderschuhen. Viel wichtiger war den spanischen Entdeckern der Zustrom des Edelmetalls, den sie nach Mexikos (1521) und Perus (1535) Eroberung ihrem Heimatlande zuleiteten; er hat dieses zu seiner weltumfassenden Politik unter Karl V. und Philipp II. in Stand gesetzt, auf die spanische und weiterhin auch die europäische Wirtschaft aber als unglückliche Inflation gewirkt, da die allgemeine Warenerzeugung mit dem massenhaften Auftreten der stark vermehrten Zahlungsmittel nicht Schritt halten konnte.

Wir werden noch erfahren, wie auch die Hansestädte einen kleinen direkten und einen großen mittelbaren Anteil an der Erschließung der neuen Welt jenseits des atlantischen Ozeans hatten. Hier stellen wir vor allem die Tatsache in den Mittelpunkt unserer Betrachtung, daß nicht etwelche Vorgänge in den Steppen Südamerikas für die Gestaltung der deutschen Wirtschaft bestimmend waren, sondern die Erschließung ihrer eigenen Hilfsquellen auf deutschem Boden. Die deutschen Bergwerke, damals der Stolz der Nation, wurden unter der auf rücksichtslosen Erwerb eingestellten, aber tatkräftigen Leitung süddeutscher Kapitalisten in Augsburg und Nürnberg auf den Gipfel ihrer Leistungsfähigkeit gehoben; im ganzen Thüringer Walde nisteten sich die Schmelzhütten ein, die das Kupfer „saigerten" d. h. es von den übrigen Bestandteilen der Erze trennten, auch Oberungarn lieferte sein Kupfer an die Augsburger Fugger, das jetzt so arme Land Tirol besaß namentlich in Schwaz im Inntale ergiebigen Bergbau auf Silber, und im sächsischen Erzgebirge traten neben die alte Bergstadt Freiberg die beiden neuen Annaberg und Marienberg. Auch in der wichtigsten Wirtschaftsprovinz unserer Tage, in Rheinland-Westfalen, rührte es sich gewaltig. Die Ruhrkohle trat seit 1590 auf, wurde aber noch ganz bescheiden im Tagebau und ohne weitergehende Organisation gewonnen und verwertet; viel wichtiger war, daß überall die Meiler rauchten, um Holzkohle zur Verhüttung des Eisens zu schaffen. Im bergischen Lande und in der Eifel wurde es verarbeitet. Die Städte, die wir auch jetzt als Mittelpunkte deutschen Gewerbfleißes kennen, waren damals bereits im Besitze von Spezialitäten: Wesel, Elberfeld und Düsseldorf stellten vornehmlich Harnische, Düren, Essen, Duisburg Gewehre und Sittard Gewehrschlösser nebst Landsknechtsspießen her. Solingen schmiedete schon Klingen, Schwertkreuze, -knöpfe und Degengefäße; wir sehen, die Arbeitsteilung und Spezialisierung war bereits so vorgeschritten, daß nicht mehr fertige Gebrauchsgegenstände, sondern Halbfabrikate in den Handel kamen. Ganz in der Nähe der Stätten, „wo der Märker Eisen reckt", dehnten sich die großen Bleichwiesen in „der Freiheit (d. h. dem privilegierten Bezirk) Elberfeld und in dem Barmen". Das Rohleinen Westfalens, ja Niedersachsens wurde hier gebleicht, das Leinengarn auch zu schmalem Bande verarbeitet, beides zur Ausfuhr rheinabwärts bestimmt. Ueberall half hier die Wasserkraft der Mühlen, überall sorgten billige ländliche Hilfskräfte wie Flachs verspinnende Frauen, daß das deutsche Erzeugnis fremdem Wettbewerb gewachsen war. Auch östlich vom Rhein, wo die Industrialisierung eigentlich erst wieder in unseren Tagen eingesetzt hat, rührte sich der Gewerbfleiß; wir hören z. B. von Glaswaren, die von Glashütten in Hessen die Weser abwärts kamen und über Bremen ausgeführt wurden. Im ganzen aber waren, was eigentlich bis zur unmittelbaren Gegenwart gedauert hat, das norddeutsche Tiefland und insbesondere die Küstenstriche arm an gewerblichen Betrieben, deren Erzeugnisse im Verkehr der Nationen etwas galten. Es war das eine schwerwiegende, häufig übersehene Folge des schon im hohen Mittelalter begründeten Übergewichts des Handels über alle andere wirtschaftliche Betätigung; die berühmten flandrischen Wolltuche waren in den Hansestädten stets in Mengen vertrieben und hätten eine eigene Gewebeherstellung größeren Stils nicht aufkommen lassen. Jetzt war zwar die flandrische Tucherei vernichtet, aber wiederum wurde ein fremdes Produkt eingeführt, das englische Tuch, dem wir noch weiterhin begegnen werden. Unsere Hansestädte sahen wohl ein, daß man sich um das Gewerbe bemühen müsse, wenn man die Wohlfahrt der Bürgerschaft nicht nur den Launen des Handels überlassen, sondern sie auch durch einen anderen Erwerbszweig sichern wollte. Sie versuchten daher, Wollverarbeitung in ihren Mauern zu befördern, jedoch ohne nachhaltigen Erfolg. Der fremde Wettbewerb und die Hemmnisse, welche die Zunftverfassung einer freieren Entfaltung der Produktion damals schon bot, ließen solche Ansätze schwer gedeihen. Süddeutschland, das in der Gegend von Ulm Barchent (Mischgewebe von Wolle und Baumwolle) herstellte, die Oberlausitz und Schlesien, wo wie in Westfalen sich die Leinenweberei emporarbeitete, hatten eine ganz andere Arbeitsverfassung; einige wenige Unternehmer, damals meistens Nürnberger oder andere süddeutsche Reichsstädter, verlegten oft durch Vermittlung der Stadtmagistrate oder der Zünfte Hunderte solcher Weber. Kein Wunder, daß diese Gegenden stark ausführten, während das Hansegebiet Einfuhrland für fremde Stoffe war und blieb.

Daran änderte auch nichts, daß man den Rohstoff, die Wolle, im eigenen Lande hatte. Von der deutschen Wolle war während des Mittelalters nicht viel Aufhebens gemacht; das vom Klima und Boden begünstigte Produkt Englands, später auch die spanische Wolle beherrschte den Weltmarkt. Jetzt aber litten die Verarbeiter in den nordfranzösisch-belgischen Industriestädten, wo die Weber zu Tausenden ziemlich kümmerlich saßen, fortwährend an Knappheit, ja Not des Rohstoffes, da in England die einheimische Wolle nunmehr selbst verarbeitet wurde und nur noch geringe und recht teure Mengen das Festland erreichten. So kam es, daß die Schafschur in Hessen, Westfalen, im Hildesheimschen und im Braunschweigischen für die Verbraucher in Valenciennes und Tournay von großer Bedeutung wurde; auch die Heidschnucken der Lüneburger Heide steuerten zu diesem neuen Ausfuhrgut bei. Die wachsende Bedeutung unserer norddeutschen Schafherden erinnert fast an das 19. Jahrhundert, bevor die australische Wolle unsere eigene Wollproduktion erdrückte, als die Schafhaltung sogar der Angelpunkt der ganzen Wirtschaft wurde, oder auch an die Zeit des Weltkrieges, die aus einem guten Wollhammel ein beachtenswertes Vermögensobjekt machte.

Ueberhaupt war damals ein ungeheurer Umschwung in der Bewertung der landwirtschaftlichen Erzeugnisse zu spüren. Im Mittelalter hatten sie, mit Handels- und Gewerbeprodukten verglichen, so recht keinen Preis erzielen können und waren oft für ganz geringe Gegenleistungen fortgegeben. Das Meiste, was der nicht allzu ertragreiche Acker, der nur etwa das dritte oder vierte Korn trug, hergab, aß der Bauer selbst, wenn er seinen Kornzins an seine Herrschaft im Kloster oder auf der Burg abgegeben hatte. Mit dem, was auf den Markt kam, wurden die einheimischen Städte ernährt, die ihrerseits namentlich in Notzeiten gern nach den Niederlanden hin ausführten. Im ganzen war die Getreidebewegung in der älteren Hansezeit wohl nicht allzu bedeutend, wenigstens nicht im Vergleich mit der Zeit, die wir hier behandeln. Der Notstand Westeuropas, der in Zeiten von Mißwachs und Fehlernten zur Getreideverschiffung von Ost nach West gereizt hatte, wurde im 16. Jahrhundert dauernd, da das mit Städten besäte Mündungsgebiet von Schelde, Maas und Rhein für seine starke Bevölkerung nicht genug Korn hervorbrachte, und er wurde noch verstärkt durch den starken Bedarf, den die Reiche der Pyrenäenhalbinsel, ja auch Italien anzumelden gezwungen waren. Portugal mit seiner Hauptstadt, dem damaligen Welthandelsplatz Lissabon, und Spanien, das Jahr für Jahr seine genügsamen Söhne als treffliche Soldaten auf die Schlachtfelder sandte, dafür aber seine Wirtschaft verkümmern sah, waren durchaus auf das Getreide angewiesen, das im Hinterlande der deutschen Seestädte in Deutschland oder Polen gewachsen war. Hierhin ging auch das Holz und sonstiger Schiffsbedarf wie Teer, Hanf, Segeltuch, der im Zeitalter des Holzschiffs erst den Bau der gewaltigen spanischen Armaden und Silberflotten ermöglichte; es waren durchweg baltische, zum kleineren Teile auch westdeutsche Güter, deren Ausfuhr in erster Linie die Hansestädte anging.

Sollten sich diese die neue Konjunktur entgehen lassen? Früher, als die Geschichtsforschung sich wenig mit diesen Dingen beschäftigte und nach dem Prinzip verfuhr, alles, was sie nicht wußte, als nicht vorhanden anzusehen, schalt sie auf die hansischen Kaufleute, die lieber anderen Völkern die großen Gewinne des Entdeckungszeitalters überlassen, selbst aber in den alten Bahnen verharrt hätten. Seit D. Schäfers bahnbrechenden Forschungen haben wir auf diesem Gebiete umgelernt; von der Mitte des 16. Jahrhundert an wird vielmehr die Fahrt der Hansen nach Lissabon ganz beträchtlich ausgedehnt, zumal in seiner unmittelbaren Nähe in Setubal an der gleichnamigen Bucht die erwünschteste Rückfracht, dort gewonnenes Seesalz, eingenommen wurde, das in dem salzarmen Baltikum stets willige Abnehmer fand. Auch mit damals noch ziemlich seltenen Gepflogenheiten des modernen Handels hat man sich von hansischer Seite gerade in diesem Handelszweige befaßt; man kann hier Baissespekulation nachweisen, die sonst nur wenig geübt wurde.

Wir sehen, diese Erschließung des Hinterlandes, ausgeführt mit Hilfe unserer prächtigen Ströme, die man trotz des leidigen Übels allzu zahlreicher Zollstätten — an der Weser zählte man allein 22—23 — und der Sonderwünsche der Anlieger doch gerade im 16. Jahrhundert zu größeren Schiffahrtsstraßen zu nutzen verstand, erlaubte dem hansischen Handel sich umzustellen, als die alte Handelsherrschaft in der Ostsee ins Schwanken geriet. Nur so ist es zu erklären, daß die Verluste im Auslande, von denen noch die Rede sein wird, nicht sogleich noch viel fühlbarer wurden, nur so ist es zu verstehen, daß einige Städte überhaupt erst damals in ihre reiche Zeit eintraten. Wem fällt es nicht auf, daß die berühmten Fachwerkhäuser in Hildesheim und Braunschweig durchweg aus dem 16. Jahrhundert stammen, wo nach der gewöhnlichen Geschichtsauffassung nichts als Niedergang zu verzeichnen war? Wie kommt es, daß Bremen eine ausgesprochene Stadt der Renaissance ist, die um 1540 am Schütting, 1587 an ihrer Stadtwage baut und 1612 durch Meister Lüder von Bentheim dem gothischen Rathause das Prachtgewand der Renaissancefassade überwerfen ließ? Auf Kredit, wie heute so mancher es tut, baute man damals nicht; man mußte schon die harten Taler im Kasten wissen, ehe man Bauleuten und Steinmetzen den Auftrag gab.

5. Kapitel.

Die Organisation der Hanse in ihrer Spätzeit.

Sollte an diesem fröhlichen Gedeihen die ehrwürdige Hanse so gar keinen Anteil haben? Besaß sie nicht noch in den Tresekammern (Archiven) sorglich bewahrte Urkunden, die, gebührend beglaubigt und besiegelt, ein ganzes System handelspolitisch nutzbarer Rechte im Bereich der Nord- und Ostseestätten darstellten? Was tat die Hanse, um zu erwerben, was sie von den Vätern besaß?

Es ist keine Frage, daß die Wirren, die Lübeck, wie erzählt, in den 30er Jahren so schwer betroffen hatten, noch nachwirkten, als im Schmalkaldischen Kriege (1546—47) das protestantische Deutschland mit seinem Kaiser Karl V. rang. Eine Stadt wie Bremen bedeckte sich damals mit Ruhm, widerstand zweimaliger Belagerung und ließ sich auch durch die Verbrennung seiner Kauffahrteiflotte nicht von dem einmal als richtig erkannten Widerstand gegen die größte Weltmacht des Zeitalters abbringen, auch Hamburg leistete tatkräftigen Beistand, während anderseits Reichsstädte wie Lübeck oder Köln in wenig ersprießlicher Neutralität verharrten. Allmählich erst fand sich der hansische Organismus wieder zusammen, zumal seit dem Augsburger Religionsfrieden (1555) ruhigere Zeiten im ganzen Reiche einkehrten. Um dieselbe Zeit bemühte sich die Hanse, zu einer etwas festeren Verfassung zu gelangen; hatte man länger geschwankt, ob man die Gesamtheit der Städte in ein lübisches, kölnisches und preußisches Dritiel einordnen sollte, so setzte sich um 1550 die Einteilung in vier Quartiere mit den Vororten Lübeck, Köln, Danzig, Braunschweig durch, die bis ins 17. Jahrhundert üblich blieb. Damit war ein geregelter Geschäftsgang gefördert: Lübeck mit seinen benachbarten „wendischen" Genossen setzte die Tagesordnung eines Hansetages in „Artikeln" fest, die mitsamt der Einladung an die Quartierstädte ging. Diese schrieben dann nach einem ziemlich genau eingehaltenen Plane den einzelnen Hansestädten des Quartiers die Einladung zu, indem sie sich meistens nur an die Hauptorte der Landschaften wandten, die ihrerseits wieder die kleineren Orte ihres Bezirks mit den hansischen Mitteilungen versahen. Im Bereiche des Kölner Quartiers z. B., das außer Westfalen und Clebe auch die niederländischen Hansestädte umfaßte, schrieb Köln durchweg nur an Münster, Wesel, Nimwegen, Deventer, Groningen. Letztgenannte Stadt gab den Brief weiter an die beiden friesischen Orte Bolsward und das sagenumwobene Staveren, Deventer berief seine overyffelschen Nachbarn Kampen und Zwolle nach dem ehrwürdigen Kloster Windesheim zur Beratung, und Nimwegen versammelte die Sendeboten aus den gelderschen Städten. Auch ganz kleine Städte wurden dabei mit den hansischen Dingen befaßt, nicht stets zum Vorteil des Ganzen, wie wir noch sehen werden; aber ihr oft recht zähes Festhalten an den Hanserechten zeigt, daß doch im 16. Jahrhundert der Wert der Hanse höher von den Mitlebenden eingeschätzt wurde als von manchen späteren Geschichtsschreibern. Ueberhaupt entwickelte sich im Rahmen der einzelnen Quartiere und Landschaften ein gewisses bodenständiges hansisches Leben; im lübischen Quartier, zu dem außer Lübeck noch Hamburg, Rostock, Stralsund, Wismar und Lüneburg gehörten, wurden für die Jahre 1542—69 20, für das Kölner Quartier von 1539—1567 13 Tagfahrten gezählt, die vorbereitenden Zusammenkünfte der Nachbarstädte nicht gerechnet. Aber auch die allgemeinen Hansetage nahmen in der Zeit der Nachblüte in den mittleren Jahrzehnten des 16. Jahrhunderts zu; sehen wir von der Spätzeit von 1598—1621 ab, als die Hanse ihren Charakter geändert hatte, so wurden in den 14 Jahren von 1553—1567 12 bedeutende Hansetage abgehalten, während zuvor von 1540—1549 aus den oben erwähnten Gründen der Erschöpfung Lübecks kein einziger Hansetag stattgefunden hat. Jene Tagung von 1553 war auch am besten beschickt, da 26 Städte vertreten waren, so daß damals von dem oft gescholtenen schlechten Besuch der Versammlungen nicht die Rede sein kann. Bedenkt man, was die Besendung eines Hansetages einer vom Tagungsort Lübeck abgelegenen Stadt kostete, die mehrere Ratmänner — denn Sekretäre wurden nicht zugelassen — auf wochenlange Reisen und zu teurem Aufenthalt in Wirtshäusern und der fremden Stadt mit dem üblichen Aufwand an Gastgeboten und Trinkgeldern schicken mußte, und überlegt man, daß bei den „geschwinden Läuften", d. h. bei Krieg und Kriegsgeschrei tatsächlich Gefahren für die Reisenden vorlagen, so wird man begreifen, daß die Entschuldigungen, um von der Teilnahme am Hansetage entbunden zu werden, nicht stets bloße Vorwände waren. Auch die Geschäftsführung auf der Tagung selbst, die ein lübischer Bürgermeister zu leiten pflegte, kann ich nicht so absprechend beurteilen wie die meisten Geschichtsschreiber. Waren die Verhandlungen wirklich so viel breiter und zeitraubender, als sie heutigen Tages sein würden? Leben wir nicht in einem Zeitalter, in dem die „Sitzung" oder „Konferenz" mit ihren endlosen, meist zu nichts führenden Reden als letztes Auskunftsmittel staatsmännischer Weisheit gilt? Allerdings vertrödelten die Ratssendeboten in ihrer durch die hundertfach gefälteten spanischen Hemdkragen so glücklich gestärkten Würde kostbare Zeit mit althergebrachten Rangstreitigkeiten; wie wichtig war es nicht zu bestimmen (1599), daß die Danziger Vertreter vormittags v o r, nachmittags n a c h den Lüneburgern den Sitzungssaal betreten sollten! Darin waren diese Stadtbürger echte Kinder ihres Zeitalters und gaben einem hochfürstlichen Ceremonienmeister nichts nach. Bedenklicher war, daß ein so großer Kreis von Personen durch die Ausschreiben, die Verhandlungen und die Protokolle, „Rezesse" genannt, von den Ansichten und Absichten der Hanse erfuhr. Während die fürstlichen Regierungen am liebsten mit wenigen Vertrauten alles erledigten, um ihre politischen Geheimnisse zu bewahren, konnte bei den hansischen Gepflogenheiten nur zu leicht Kunde an Außenstehende gelangen. Es bewarben sich denn auch fremde Regierungen wie die spanisch-niederländische zu Brüssel (1592) oder auch der englische Gesandte bei guten Freunden in den Stadträten um

Abschriften jener Rezesse. Recht hatten daher die Stimmen, die 1579 lieber „eine feste Zusammensetzung von 20 Städten, die es treulich und wohl mit Herzen meinten, als hundert und noch mehr Städte, worin das Widerspiel gefunden", in der Hanse vereinigt wissen wollten. Schließlich hat man denn auch diesen Weg beschritten; aber einstweilen vererbten sich immer noch die unbestimmten Vorstellungen von Geschlecht zu Geschlecht, daß 63, 66, ja 72 Städte in der Hanse vereinigt seien. Die Tatsache, daß der Anteil an den Rechten der Hanse im Auslande maßgebend sein sollte für die Zugehörigkeit einer Stadt zur Hanse, und der Umstand, daß gerade im Niedergang begriffene, von Kriegsnot heimgesuchte Städtchen bis tief in das 17. Jahrhundert hinein von der Hanse nicht lassen wollten, weil sie in ihr eine Bürgschaft für bessere Tage sahen, mußten eine Zusammenfassung der Kräfte durch Abstoßen wenig fördersamer Mitglieder erschweren.

Wohl aber suchte man die einzelnen Städte stärker an das hansische Interesse zu fesseln durch sog. Tohopesaten oder wie man sich damals häufiger ausdrückte, durch Konföderationen d. h. Verpflichtungen zu gewissen Bundesleistungen. Eine solche Konföderation, die 1557 nach 22jähriger Arbeit zustande kam und bis zu einer neuen von 1579 Geltung behielt, sah u. a. schiedsgerichtlichen Austrag von Streitigkeiten zwischen Hansestädten vor, eine für das Wirtschaftsleben äußerst wichtige Bestimmung, da dadurch die gerichtliche Beschlagnahme der Kaufmannsgüter a l l e r Bürger der betreffenden Stadt durch die Gegenpartei verhindert wurde. Auch die alten Bestrebungen zum Schutze der Land- und Wasserstraßen sowie zur Wahrung des Landfriedens wurden wieder aufgenommen. Gewiß ganz berechtigte und wohlgemeinte Bestimmungen; aber ließ sich mit einer solchen „Konföderation" in der Hand wirklich große Politik treiben? Würden die 64 konföderierten Städte zur Sache stehen, wenn es hart auf hart kam? Für eine große Anzahl unter ihnen war dies beim besten Willen unmöglich; denn sie unterstanden schon zu sehr der Aufsicht ihres Landesherrn, der allenfalls ihre Zugehörigkeit zu einer reinen handelspolitischen Verbindung mit auswärtigen Städten, höchst ungern aber eine eigene Außenpolitik der Stadtmagistrate zu dulden gedachte. Im engeren Kreis aber gerichtlicher und polizeilicher Interessen haben die Konföderationen offenbar ihren Zweck erfüllt, wie die mehrfache Erneuerung zeigt.

Für die Handhabung der hansischen Geschäfte wichtiger war die Anstellung eines hauptamtlichen Syndikus, des Kölners Dr. Heinrich Suderman, der von 1556 bis zu seinem Tode 1591 für die Hanse tätig gewesen ist, nachdem er zuvor vier Jahre lang seine Fähigkeiten bei einzelnen Verhandlungen und Aufträgen bewährt hatte. In der Blütezeit der Hanse hatte man ein solches Amt nicht gekannt; jetzt drückte der gelehrte, überaus geschäftige und fleißige Syndikus der hansischen Welt in der zweiten Hälfte des 16. Jahrhunderts den Stempel seines Wirkens auf. Freilich gilt dies weit mehr von den westlichen niederländischen und englischen Verhältnissen, denen Dr. Suderman von seiner Kölner Herkunft und von Antwerpen aus, an das ihn die Geschäfte jahrelang fesselten, nahe stand, als vom Norden und Osten, wo nach wie vor die lübischen und die Danziger Bürgermeister das entscheidende Wort hatten. Sudermans Nachfolger dagegen Dr. Johann Doman, ein gebürtiger Osnabrücker, trat als Syndikus Stralsunds in den hansischen Dienst zu Lübeck über (1606—18). Es war nur folgerichtig und der verminderten Geltung der Hanse entsprechend, wenn schließlich die Syndikatsgeschäfte von einem der lübischen Syndiker im Nebenamt versehen wurde. Außer dem Syndikus haben in der hansischen Spätzeit auch die Sekretäre der Kontore zu Antwerpen und London eine Rolle gespielt, von denen Georg Liseman († 1612) als Mann von eigenem politischen Wollen genannt sein möge. Später genügten hier wie dort einfache Hausmeister, die den hansischen Hausbesitz an beiden Plätzen zu verwalten hatten.

Mit allen ihren Beamten, so viel sie geleistet haben und so wenige ihrer waren, ist die Hanse wegen Gehaltsforderungen in Zwist geraten. Es ist dies ein besonders trübes Kapitel, das sich mit der nach außen hin so peinlich bewahrten Würde nicht vereinigen läßt. Welch jämmerliches Schauspiel, wenn man den greisen Suderman den spanischen Generalstatthalter um einige 1000 Kronen ersuchen sieht, die ihm zur Aufwandsentschädigung auf seinen Reisen zur Festigung des niederländisch-hansischen Verhältnisses dienen sollten! Seine Ansprüche an die Hanse bezifferte er 1589 auf über 23 000 Taler, von denen doch auch seine kargen Brotherren trotz reichlicher Abstriche

18 000 anerkennen mußten. Letzten Endes lagen die Wurzeln dieser Konflikte in den allgemeinen Finanzschwierigkeiten der Hansestädte begründet. Nie waren sie so reich gewesen wie die italienischen Republiken oder die süddeutschen Reichsstädte; stets hatte der Seehandel zwar eine allgemeine Wohlhabenheit, nicht aber schwindelnden Reichtum begünstigt. Nun lasteten die ungeheuren Kosten für die Selbstverteidigung, für Geschütz und neue Wehrbauten, für Munition und Landsknechtssold, überhaupt für die auswärtige Politik auf den städtischen Kassen, die meistens schon im späteren Mittelalter arg geleert waren; man half sich mit Einziehung des Kirchensilbers, das 1533 in Lübeck, 1547 in Bremen zur Zeit seiner Belagerung eingeschmolzen wurde. Kurz, der öffentliche Haushalt der Hansestädte hatte es schwer, besonderen geldlichen Anforderungen nachzukommen, mochte es sich um Umlagen für Hansebedürfnisse oder um Unterstützung der Livländer gegen die Russen handeln. Hier waren sie den größeren monarchischen Staaten entschieden unterlegen, die zwar auch oft genug Ebbe in ihren Geldbeuteln verspürten, aber bei ihren Anleihen mit weit erheblicheren Summen rechneten als die wenig geldkräftige Hanse. Es ging ihr genau wie dem alten deutschen Reiche, das auch an dem Elend schwer eintreibbarer Matrikularumlagen krankte. Die Rückstände, für die man die wohlklingenden Bezeichnungen „Retardaten" oder „Restantien" hatte, wuchsen mehr und mehr an, bis 1601 Köln nicht weniger als 8300 Taler, andere Städte seines Quartiers 2—3000 Taler schuldeten. Was blieb schließlich übrig, als daß man sich auf eine viel geringere Abfindung einigte? Daß man einen Bundesschatz in einer allgemein hansischen Kasse haben müsse, wußte man eigentlich seit 1494; verwirklicht wurde der Gedanke erst zu Beginn des 17. Jahrhunderts, als man glücklich 850 (1612) und 1446 (1615) Reichstaler im „Arar" beisammen hatte! Es wäre gewiß manches anders gekommen, wenn eine achtunggebietende Geldmacht ihren Gegnern in England und Skandinavien hätte gegenüber treten können.

6. Kapitel.
Die Niederlande, Spanien und die Hanse.

Der Stolz einer Hansestadt war ihr Hafen. Große Hafenbassins freilich würde man vergeblich suchen; man mußte mit den natürlichen Ankerplätzen des Stromes oder mit Buchten vorlieb nehmen. Vielfach wurde es den tiefgehenden Schiffen schwer, bis unmittelbar an die Stadt heraufzukommen; dann ankerten sie stromabwärts auf offener Reede. Bei der Unkenntnis, die im größeren Publikum über Dinge der hansischen Vorzeit herrscht, weiß dieses günstigenfalls von „Hansekoggen", die auf Abbildungen oft seltsam genug dargestellt werden. Die Spätzeit der Hanse war über diese Schiffchen etwa so weit hinaus, wie wir über alte Raddampfer; im 16. Jahrhundert hatte man, um nur einige Schiffsarten zu nennen, Krawele mit glatter Außenhaut (im Gegensatz zum Klinkerbau), die man von des Columbus erster Reise zu kennen pflegt, ferner Bojer, die seit 1525 aufkamen und namentlich als „Hamburger" Bojer in der Fahrt nach den Scheldehäfen, England, Frankreich verwandt wurden, ferner Rahsegel und — vornehmlich in Holland — Hulke und Fleuten. Gewiß waren es, wie die Bojer, kleine Schiffchen von 40—50 Lasten (80—100 Tonnen), die ihr Sprietsegel von einigen 5 oder 6 Mann bedienen ließen; aber anderseits kamen doch auch recht große Abmessungen (bis 1200 Tonnen) vor, die an die Ankerplätze die größten Anforderungen hinsichtlich des Tiefgangs stellten. Sie wurden in der Fahrt von der Ostsee nach dem westlichen Europa verwandt, weil diese Route ausgesprochenes Schwergut — Korn und Salz als Hin- und Rückfracht — erforderte. Begleiten wir eine solche hansische Kauffahrteiflotte von Danzig aus, dem gewöhnlichen Abfahrthafen, wo auch die größten Schiffe zu Haus gehörten, auf ihrer Reise, so sehen wir sie zunächst den Oeresund ansteuern, wo der dänische König den viel genannten Sundzoll erheben ließ, dann die Nordsee oder, wie der Deutsche damals sagte, die „Westsee" durchqueren und vor der Scheldemündung Anker werfen. Weniger das in der ganzen heutigen Welt bekannte Vlissingen war das Ziel der Schiffe — hier bietet der mächtige Scheldestrom keine geschützten Stromreeden — als vielmehr das Städtchen Arnemuiden an der jetzt völlig verlandeten Ostseite der Insel Walcheren oder auch die durch ihre alten Bauten ausgezeichneten Orte Middelburg und Vere. In diesen Anlaufhäfen, wo sich die Flotten aller Nationen trafen, entwickelte sich ein lebhafter Leichterverkehr mit der eigentlichen Handelsmetropole der Niederlande Antwerpen; denn die großen Schiffe vermieden die Fahrt bis an die Kais der Stadt und steuerten vielmehr von Seeland aus ihrem eigentlichen Reiseziele zu. Dies war in älterer Zeit die Westküste Frankreichs, wo viel Salz gewonnen wurde, in unserer Epoche namentlich die iberische Halbinsel und zwar vornehmlich Lissabon. Wir haben oben gesehen, wie der Rohstoffbedarf des gewaltigen spanisch=portugiesischen Weltreichs den Handel mit baltischen Gütern wie Korn, Holz, Schiffsmaterial in damals unerhörten Mengen an sich zog; namentlich seitdem die Niederländer unter der eisernen Faust des Herzogs von Alba sich mannigfache Beschränkungen im Seeverkehr gefallen lassen mußten, hatten die Schiffe der „Osterlinge", wie man die Hansen in den Niederlanden allgemein nannte, als Neutrale gute Tage. Im Jahre 1569/70 lagen vor Arnemuiden 204, 1570/71 259 hansische Schiffe vor Anker, weit mehr als je zuvor oder nachher. Daß die Fahrt nach Amerika und Indien von den großen Kolonialmächten Spanien und Portugal ihren eigenen Untertanen vorbehalten und andern Nationen gesperrt war, berührte unsere hansischen Schiffe wenig; denn in Lissabon, nicht aber auf den weiten Wasserwüsten des atlantischen Ozeans lag ihre Verdienstmöglichkeit. Im übrigen sind deutsche Schiffe und Mannschaften auch in die überseeischen Besitzungen der Pyrenäenreiche gelangt, sei es beschlagnahmt für den Dienst des spanischen Königs, sei es auf dem Wege des unerlaubten Handels an der Küste von Brasilien. Das Wort des französischen Königs Franz I., er möchte das Testament Adams sehen, das seine Untertanen von der Fahrt über den Ozean ausschlösse, gilt auch für unsere einfachen Hamburger und Bremer Schiffer. Dazu stellten die Deutschen auch ihre Vertreter zu der kapitalkräftigen, im übrigen recht bunt gemischten großen Kaufmannschaft, die zu Antwerpen residierte und in weitverzweigten Handelsunternehmungen die ganze Welt des damaligen Seehandels von Narwa bis Lissabon und von Pernambuco bis ins Mittelmeer umspannte. Fürwahr, eine wirtschaftlich recht fortgeschrittene Entwicklung, an der die Hanse ihren gewichtigen Anteil hatte!

Antwerpen, bekanntlich die Nachfolgerin des verödeten Brügge als Weltmarkt, nahm die Hansen, von einigen Zwischenfällen abgesehen, gern auf, als ihr Kontor von Brügge dorthin übersiedelte. So ist Antwerpen namentlich durch die Bemühungen des Dr. Suderman Schauplatz eines hansischen

Reformwerkes geworden, das wenigstens einmal aus dem Bereich vager Pläne heraustrat und wirklich zur Neugestaltung des Kontors nicht nur, sondern zur Erbauung eines eigenen gewaltigen Hansehauses (1564—69) führte, wo die jungen Kaufleute gemeinsam hausen und ihrem Handel nach der Väter Weise nachgehen sollten. Aber während der Bau nach den Zeichnungen des bekannten Cornelis de Vriendt genannt Floris, des Schöpfers des Antwerper Rathauses, emporstieg, brausten schon die ersten Stürme über die Scheldestadt, die zum 80jährigen Unabhängigkeitskrieg der Niederlande führten, für Antwerpen aber den Ruin auf Jahrhunderte hinaus bedeuteten. Seit 1572 war die Schelde durch die Aufständischen in Vlissingen, die auf ihrem eigensten Element, dem Wasser, für die berühmten spanischen Regimenter völlig unbesiegbar und unangreifbar waren, geschlossen und die Lebensader der Weltstadt damit unterbunden. Etwas ruhigere Zeiten wurden durch die berüchtigte „spanische Furie", als meuternde Truppen die Stadt plünderten (1576), unterbrochen, und die Einnahme durch den gewaltigen Feldherrn Alexander Farnese, Prinz von Parma, (1585) zwang der Stadt ebenso die spanische Herrschaft wie den Verzicht auf die dereinstige Weltstellung auf. Zwar hat sich die Stadt tapfer gegen die unheilvolle Verarmung und Verödung gewehrt; aber was wollten ihre Bittschriften ausrichten gegen die Wirbelstürme der Weltgeschichte? Dieselben gewaltigen Ereignisse knickten dann auch die kaum entfaltete Blüte des hansischen Reformwerks; das Hansehaus wurde Lazarett für kranke spanische Soldaten.

Wie aber stand die Hanse zu den Erben Antwerpens, zu den siegreichen Holländern, die nach einem beispiellosen Kampfe gegen die mächtigste Monarchie der Erde mit schweren Opfern ihre Unabhängigkeit errangen? Auf dem Boden des heutigen Königreichs der Niederlande zählte die Hanse, wie erwähnt, zahlreiche Mitglieder in Geldern, Oberyssel, Friesland, während die eigentlichen Holländer ihr stets fremd geblieben waren. Jene Städte an Niederrhein und Yssel haben unter den Kriegsereignissen besonders schwer gelitten, was die strategische Lage mit sich brachte. Als sie (1594) endgültig von den Spaniern befreit waren, waren sie nur noch ein Schatten ihrer einstigen Größe, während die wirtschaftliche und politische Führung in der neuen Republik der General=

staaten völlig bei den Städten Hollands und Seelands mit
Amsterdam an der Spitze ruhte. Wie lange war es her, als
Amsterdam, das sich nur mühsam vom platten Lande los=
machte, vorwiegend durch den Verschleiß Hamburger Biers
sich einen Namen gemacht hatte? Es war mit seiner viel
Schiffahrt treibenden Umgebung, dem „Waterland", Hauptsitz
der Frachtschiffahrt von der Ostsee und der Korneinfuhr
geworden und in dieser Eigenschaft hart mit den Hansen an
einander geraten. Jetzt zogen dorthin die Antwerper Flücht=
linge, jetzt eroberte sich seine Börse ihren gebietenden Platz
auf dem Weltmarkt; jetzt sicherten so gewaltige Organisationen
wie die Ostindische Compagnie (1601) und ihr westindisches
Gegenstück (1621) dem Amsterdamer Markte die Kolonial=
waren aus erster Hand. Staat, Kapital, Unternehmungsgeist
und Tüchtigkeit der Fachleute hatten sich gefunden. Wenn
aber in Amsterdam und bei den Generalstaaten im Haag die
Fäden dieses blühenden Lebens zusammenliefen, so nahm doch
das ganze Volk — ich erinnere an die allbekannte Herings=
fischerei — seinen Anteil an dem allgemeinen Aufschwung.
Hier konnten die Hansestädte schlechterdings nicht gleiche
Leistungen aufweisen. Wohl konnte Hamburg sich eine Börse
schaffen, wohl gaben die Seefahrer von der Weser, Ems und
Elbe ihren Stammesverwandten an der Südersee nichts
nach — dienten sie doch häufig auf holländischen Schiffen —;
wie aber sollten die kleinen Stadtstaaten so riesige Organi=
sationen schaffen wie die großen Fernhandelskompagnien, die
den Portugiesen die wertvollsten Teile ihres Kolonialreichs
entrissen? In bescheidener Anlehnung an den glücklicheren
holländischen Nachbarn werden wir die Hanse wieder treffen.

7. Kapitel.

Die Hanse und England.

Dem Leser mag es schon aufgefallen sein, daß bisher so
wenig von „dem meerbeherrschenden Albion" die Rede ge=
wesen ist. Hatte die Hanse nicht auch dort ihre durch den
Frieden von Utrecht (1474) wohlgesicherten Rechte? Gehörte
ihr nicht der Stalhof in London, dessen Kaufmann Georg
Gise wir bereits kennen? Gewiß, das Verhältnis der Hanse zu

England ist so wichtig, daß es einer eingehenden Betrachtung bedarf; gerade zum Untergang der Hanse hat es erheblich beigetragen, weniger wegen der materiellen Interessen, die auf dem Spiele standen, als weil es die Schwäche der Hanse bloßlegte und die Beziehungen ihrer einzelnen Mitglieder untereinander vergiftete. Ehe wir aber auf diese unheilvollen Umstände eingehen, bedarf es einiger einleitender Bemerkungen.

Noch von der Waffenbrüderschaft von Waterloo her, alsdann von den Sympathien für das freihändlerische protestantische England, das überall für Ordnung und Recht sorge, beeinflußt, steht die ältere deutsche Geschichtsbetrachtung den Briten nicht unsympathisch gegenüber. Auf der anderen Seite haben die Vorgänge der jüngsten Vergangenheit die Federn in die Irre geführt, wenn sie in den Engländern nur ein Heer ebenso brutaler wie schlauer Seeteufel erblicken, die ihre ganze Handelsgröße einem höchst raffinierten System von Lug und Trug, gekrönt von roher Gewalt, verdanken. Wir unserseits sind von harmloser Verherrlichung alles Englischen ebenso weit entfernt, wie von jener zweiten Auffassung, die der strengen Wahrheit genau so wenig gerecht wird. Was wir hier von der englischen Wirtschaft wissen müssen, ist etwa folgendes:

Das Lied: „Rule Britannia, rule the waves" hätte für das 16. Jahrhundert schlechterdings keinen Sinn gehabt. England entbehrte stark größere Schiffe, war an der großen Frachtschiffahrt nur mäßig beteiligt und konnte mit seinen kleinen Küstenfahrern von 15 oder 20 Tonnen Tragfähigkeit keinen Staat machen. Die Reederei eines einzigen deutschen Seeplatzes, Emdens, war, so seltsam es klingt, zeitweilig bedeutender als die des ganzen Königreichs. Englands Bedeutung beruhte auf ganz anderem Gebiete; nachdem es im Mittelalter ein ausgesprochenes Agrarland gewesen war und seine Wolle ausgeführt hatte, verarbeitete es jetzt diese selbst. Die Ausfuhr dieser Wollstoffe lag nach englischer Art in den Händen einer privilegierten, d. h. ausschließlich berechtigten Kaufleutegesellschaft, den Merchant Adventurers. Ihre fest geschlossene, äußerst straffe Organisation, die durch gemeinsames Leben unter demselben Dach und an demselben Tisch, durch Stapelzwang, Kontingentierung des Verkaufs, ja durch Preissetzung ihre Mitglieder fest in Händen hielt, hatte sehr wenig von „Wagemut", den doch ihr Name anzudeuten scheint, wirkte aber wie ein Stoßtrupp, der für die englische Volkswirtschaft die Tore des Festlandes sprengte. Diese Kompagnie begegnete nun ebendort, wo sie ihre Tuche einzuhandeln pflegte, in der Blackwellhall zu London, anderen Einkäufern, die unter denselben Bedingungen wie sie die Tuche bezogen und unter gleich niedrigen Zollsätzen ausführten: Es waren die Stalhofkaufleute der Hanse, die diese überaus günstige Stellung jenen angedeuteten, im Utrechter Frieden bestätigten Vorrechten verdankten. Sie waren den Londoner Bürgern im Handel gleichgestellt, für die damalige Zeit, die den Bürger möglichst vor dem Fremden bevorzugte, eine außerordentliche Vergünstigung. Kein Wunder, daß sowohl die Merchant Adventurers wie die Stadt London gegen die Rechte des Stalhofs Sturm liefen. Dabei wurden sie aufs eifrigste unterstützt von den nationalwirtschaftlichen Erwägungen durchaus zugänglichen Staatsmännern und Räten der Krone, ja von dieser selbst, seitdem die ebenso haushälterische wie vorsichtige Elisabeth sie trug (1559—1603). Frühere Monarchen Englands hatten eine mehr hansefreundliche Politik verfolgt; jetzt stand die Regierung Englands hinter der Kaufgilde, ungeachtet dessen, daß im Lande heftig gegen ihr Monopol gemurrt wurde und namentlich die Tuchmacher gern nach wie vor an die Fremden verkauft hätten. Der unvermeidliche Kampf zwischen der Hanse und der englischen Gilde wurde sowohl auf englischem wie auf deutschem Boden und zwar nicht mit Pulver und Blei, wohl aber mit allen handelspolitischen Waffen der Verbote, Sperren, Beschlagnahmen geführt. Der Rechtsstandpunkt der Hansen war durch jenen Friedensvertrag zu Utrecht gesichert; es darf aber nicht verschwiegen werden, daß die jungen Leute im Stalhof ihn mehr als einmal gefährdeten, indem sie nach dem ihnen verbotenen Antwerpen, dem Stapelplatz der Engländer, ausführten oder fremdes Gut für eigenes ausgaben, um es die niedrigen Zollsätze genießen zu lassen. Wohl schritt die Hanse dagegen ein; aber die Verhältnisse auf den Kontoren, wo jene unreifen und unlauteren Elemente stärker vertreten waren, als es dem hansischen Ansehen förderlich war, wurden nicht durchgreifend gebessert. Auf englischer Seite machten sich die Gilde, die Stadt London und die Staatsmänner sogleich daran, diese Verfehlungen aus-

zunutzen und mit Erschwerungen des Handels auf dem Rechts-
oder Verordnungswege zu antworten. Als letztes Mittel hatte
man noch die Schließung des Stalhofs in der Hand.

Interessanter sind die Vorgänge auf dem Festland. Hier
schien die Lage der Hanse keineswegs ungünstig; denn das be-
nachbarte niederländisch-spanische Reich suchte ihre Unterstützung, um durch gemeinsame Sperre — man wird an
Napoleons Kontinentalsperre erinnert — die Engländer auf
die Knie zu zwingen. Aber es fanden sich stets Städte, welche
die einheitliche Abwehrfront verließen, um die vom Festlande
ausgesperrten Engländer freundlichst zu sich zu laden. So
ging Hamburg, so das nichthansische Emden vor (1564),
letzteres allerdings nicht aus eigenem Antriebe, sondern durch
seinen Landesherrn, den Grafen von Ostfriesland, bewogen.
War aber irgendwo die Möglichkeit gegeben, daß die englischen
Tuchflotten landeten, so war für die Engländer das weitere
Spiel leicht; war doch Norddeutschland nur Durchgangsgebiet
für sie, während ihre eigentlichen Märkte in Frankfurt a. M.
und Leipzig auf den dortigen Messen waren. In Süddeutschland hatte man für die hansischen Sperrmaßnahmen kein Ver-
ständnis; man verhandelte hier Barchent gegen die englischen
Stoffe und wollte diesen Erwerb nicht missen. Von der
deutschen Handelswelt also nur lau oder gar feindselig aufgenommen, hatte die hansische Sperrpolitik gegen die Engländer, wie sie namentlich Lübeck vertrat, doch Aussicht, wenn
es gelang, Kaiser und Reichstag für ihre Maßnahmen zu ge-
winnen. Da die Engländer ein „Monopol" des Tuchver-
kaufs ausübten, so konnte man sie vor dem Reichstage als
„Monopoler" bezichtigen, gegen die Reichsgesetze genug vorlagen. In der Tat gingen die Reichsstände bereitwillig auf
die hansischen Forderungen ein und verlangten Ausschluß der
Engländer vom Boden des Reiches, aber — der kaiserliche
Vizekanzler Dr. Vieheuser war nicht zu bewegen, das Dekret
auszufertigen (1582). Es hält schwer zu glauben, was alle
Welt damals dachte, daß lediglich Bestechung diesen Würden-
träger zu seiner Weigerung veranlaßt hätte; war es so, so
trifft seinen kaiserlichen Herrn Rudolf II. die Schuld, einen
solchen Diener um sich zu dulden. In ihm hatte Deutschland
einen Kaiser, der, seinen Liebhabereien und gelehrten Studien
auf dem Prager Schlosse hingegeben, den Reichswagen nicht

zu lenken vermochte. Was sollte von seinem Hofe Gutes kommen?

Diejenigen, die in Deutschland und namentlich auch in den hansischen Städten gegen die beabsichtigte Sperre waren, hatten, abgesehen von dem rein „wirtschaftlichen" Standpunkt des gefährdeten augenblicklichen Gewinns, nur e i n e Erwägung für sich, die allerdings schwer genug wog. Man fürchtete Vergeltungsmaßregeln zur See gegen die blühende hansische Schiffahrt, sobald die Engländer belästigt würden. In der Tat stieg damals die englische Kriegsflotte mit ihren berühmten Dreideckern und ihrer starken Artillerie zur ersten Seemacht empor. Wer ihr entgegentreten wollte, hätte die g a n z e n Seestreitkräfte der deutschen Städte vereinigen müssen. Wie aber sollte das geschehen, wo vom Reich schon die Goetheschen Verse galten:

> Das liebe, heil'ge Röm'sche Reich
> Wie hält's nur noch zusammen?

Mit seiner Unzahl von politischen Gebilden, von fürstlichen und städtischen Zwergstaaten, zerrissen von konfessionellem Hader, ohne starke kaiserliche Gewalt, geregelte Finanzen und leistungsfähige Verwaltung hätte das Reich eine zielbewußte Handelspolitik gar nicht durchführen können.

Von dem englischen Streit bleibt nicht mehr viel zu erzählen. Um die Jahrhundertwende lebte er noch einmal auf, nachdem 60 hansische Schiffe vor der Mündung des Tajo den englischen Kapern zum Opfer gefallen waren. Diesmal ist eine kaiserliche Verordnung, wie sie 1582 geplant war, wirklich ergangen, hat aber kaum genügt, um die Merchant Adventurers aus ihrem damaligen Einfallstor nach Deutschland, dem Städtchen Stade, zu verdrängen (1597). Das Ende war ihre dauernde Niederlassung in Hamburg (1611) und — die Verwandlung des Stalhofes in eine Weinschenke. Reich und Hanse hatten versungen und vertan.

8. Kapitel.

Nord- und Osteuropa.

Aller Erfolge in Westeuropa ungeachtet, hat die Hanse doch stets viel von ihrem ursprünglichen Charakter bewahrt, der durch ihr Aufkommen im Ostseebecken bestimmt war. Es war denn auch ganz folgerichtig, wenn jene erste Katastrophe, die Lübecks Macht so empfindlich traf, von Zielen des Ostseeverkehrs ihren Ausgang genommen hatte. Um so wichtiger war, daß alle Handelsgeschäfte des Nordens und Ostens im Bereich der russischen, der schwedischen und der dänisch-norwegischen Macht dem hansischen Handel mit Erfolg bestritten wurden: er hat sich schwere Einbußen gefallen lassen müssen.

Den Anfang macht in der üblichen Betrachtung die Einnahme der Stadt Nowgorod durch die Moskauer und die Schließung des dortigen Kontors (1494). Damit war zwar keineswegs der hansische Handel mit russischen Waren in Frage gestellt; aber er zog sich jetzt mehr nach den deutschen Städten Riga, Reval, Dorpat, die ihre Bürger zu alleinigen Mittlern zwischen Russen und Nichtrussen machten (1539). Allerdings dauerte ihre eigene reiche Zeit nicht lange; die furchtbaren Russeneinfälle seit 1558 eröffneten einen langen Leidensweg für sie. Der weitaus wichtigste Handelsplatz für alle, die am russischen Handel teilnehmen wollten, wurde jetzt Narwa, wo man direkt mit den rohstoffreichen Russen verkehren konnte. Die Engländer z. B. hielten die Narwafahrt für weit gewinnbringender als die nach der Goldküste von Guinea. Unglücklicherweise wurde die Narwafahrt alsbald ein neuer Streitgegenstand zwischen Lübeck und Schweden, dessen brutal dreinfahrender König Erich XIV. zugunsten des von ihm besetzten Reval einschritt und die lübische Narwaflotte ohne viel Federlesens wegnahm (1562). Hier griff Lübeck zu den Waffen, was in allen handelspolitischen Streitigkeiten im Westen nicht geschah; es hat in sieben Jahren schweren Ringens (1563—70) an Dänemarks Seite gegen Schweden gestritten, seine alte Tüchtigkeit in manchem Seetreffen bewiesen, aber doch nicht verhindern können, daß schließlich ein magerer Friede zustande kam (zu Stettin 1570). Sagte dieser Lübeck freie Fahrt auf Narwa zu, so war die Flotte zwei Jahre später wieder der Beschlagnahme durch die Schweden ausgesetzt! Diesmal gab es keinen Widerstand mehr, der in anderen Dingen als in papierenen Protesten bestanden hätte.

Blieb noch die hanfische Handelsstellung im dänisch-norwegischen Reiche mit dem Kontor zu Bergen als festem Stützpunkt. Daß die dänische Monarchie von dem hansischen Uebergewicht sich befreien wollte, haben wir oben erfahren; einzig auf Methode und Zeitmaß kam es den dänischen Räten, unter denen sich übrigens viele Deutsche befanden, an, während im übrigen ihr Weg vorgezeichnet war. Ihre Anschauung ging dahin, daß ihr König niemanden, also auch keine Verträge, über sich anerkenne, und wenn auch von hansischer Seite sogleich eingewandt wurde, daß er Recht und Gerechtigkeit gelten lassen müsse, so kam es doch darauf hinaus, daß man lediglich aus Vorsicht noch mit scharfem Vorgehen gegen die hansischen Gerechtsame wartete. Wir haben ja auch soeben Dänen und Lübecker Schulter an Schulter eine schwere Fehde durchfechten sehen. So blieb es erst dem aus dem 30jährigen Kriege bekannten Christian IV. vorbehalten, in maßlos gesteigertem Vollgefühl seiner königlichen Würde die Hansestädte der Reste ihrer alten Vorzugsstellung in verletzender Weise zu berauben. Auch das Kontor zu Bergen war nur noch ein Schatten seiner selbst.

Schluß.

In hundert Jahren hatte sich die hansische Welt völlig verändert. Am Bremer Schütting sind die Wappen der vier Kontore angebracht; vielleicht glaubte man damals, als der Bau errichtet wurde, noch eine wertvolle Hinterlassenschaft der Väter zu besitzen. Sehr bald waren es nur noch Erinnerungen an die einstige Größe. Auf allen Gebieten im Norden, Osten und Westen Einbußen über Einbußen, wo man, auf Staatsverträge gestützt, dereinst ein festes Gebäude für die Ewigkeit zu errichten geglaubt hatte, und nur dort noch frisches Leben, wo die persönliche Tüchtigkeit des hansischen Seefahrers und Kaufmanns etwas leisten konnte, nämlich im spanisch-portugiesischen Reiche. Daß auch in Binnendeutschland sich neue Kräfte regten, haben wir gesehen. Als hier gegen Ende des 16. Jahrhunderts und vollends im Zeitalter des 30jährigen Krieges das Wirtschaftsleben erstarrte und verödete, bekamen auch die Hansestädte den Verfall ihres Hinterlandes zu spüren.

Kampflos ist die Hanse nicht gewichen. In Rußland und den Niederlanden waren die Weltbegebenheiten zu gewaltig, als daß ein loser Städteverein das Rad der Geschichte hätte rückwärts drehen können. Gegen England versagte das Reich, und Schweden und Dänemark gegenüber hat es an dem letzten Auskunftsmittel der hansischen Politik, der kriegerischen Auseinandersetzung, nicht gefehlt. Jetzt, im 17. Jahrhundert, waren die Hansestädte schon fast zum Objekt der Politik herabgesunken; wichtig noch durch Schiffsbesitz und als Schlüssel zu Innerdeutschland, seinem Korn und seinen Rohstoffen, aber nicht mehr einer eigenen Politik fähig. Die großen Mächte haben häufig genug versucht, sie vor ihren Wagen zu spannen, bald Dänen und Schweden, bald Kaiserliche und Spanier. Aber im ganzen erwiesen sich diese Gönner als recht zweifelhafte Freunde, so daß die Hanse lieber bei bescheidener Neutralität beharrte, als daß sie in die großen Welthändel eingriff. Einzig, als der große Niederländer Oldenbarnevelt die protestantische Welt zu Sammlung und Bündnis aufrief, waren die Städte zur Stelle und haben im Zeichen dieser Verbindung (1613 und 1616) ihre letzten Erfolge in der Bewahrung städtischer Selbständigkeit gegen Fürstenmacht errungen. Die meerbeherrschende Hanse war zu einem Städtebund mit binnendeutschen Zielen geworden.

Wir sind am Ende. Es widerstrebt uns, der schlichten Geschichtserzählung irgendwelche „Lehren" anzuhängen. Wenn wir rückschauend noch einmal jener Ratmänner und Bürger, Kaufleute und Schiffer, die in den alten Hansestädten vor 400 Jahren ihr Wesen trieben, gedenken wollen, so mag ihr unverdrossenes Schaffen hervorgehoben werden, das auch übermächtigem Mißgeschick in allen vier Weltgegenden zum Trotz sich durchsetzte: „Navigare necesse" — das gilt damals wie heute.